JN418063

사랑하거든 눈을 감아라

사랑하거든 눈을 감아라

임송례 시집

1판 1쇄 발행 | 2023. 4. 1

발행처 | **Human & Books**
발행인 | 하응백
출판등록 | 2002년 6월 5일 제2002-113호
서울특별시 종로구 삼일대로 457 1409호(경운동, 수운회관)
전화 | 02-6327-3535~7, 팩스 | 02-6327-5353
이메일 | hbooks@empas.com

ISBN 978-89-6078-767-4 03810

사랑하거든 눈을 감아라

임송례 시집

시인의 말

내 가난한 영혼의 첫인사, 추억한다는 말은 곧 그 시간을 쌓아왔다는 말이 될 듯하다. 오래도록 짐을 지고 고단하게 살았다. 그 짐 때문에 참 많이 힘이 들었다.

고향을 등지고 유학을 한 읍내의 생활도, 그 이후 공부를 더 하겠다고 서울로 찾아 든 인생의 도전도, 모두 한 시대를 거치는 길이었다. 무엇으로도 대신할 수 없는 몫을 살아낸다는 것이 얼마나 막중한 의미인지를 내가 어른이 된 한 참 후에야 알았다. 아직도 철들지 못한 채 살아내고 있다는 것을 인정한다.

언어로 추억한다는 것은, 오늘만 알고 살아왔던 나의 삶에 빛이 되지 않을까 생각한다. 한때는 20년만 빨리 지났으면 좋겠다고 기도했다. 그 힘든 시간의 노역에서도 벗어났다. 이미, 그것보다 더 많은 든든한 뿌리를 내리고 살고 있으니, 내 안에 가질 몫이 조금 남아 있다면, 오늘처럼 따뜻한 마음에 기대며 살려고 한다.

촘촘히 써 내린 인생의 페이지들을 하나도 버리지 못하고 앙금처럼 안고 살아가지만, 돌아보면 그 추억이 힘이 되고, 용기가 되고, 친구가 되기도 한다. 이제 영혼이 먼 나들이를 할 때가 오더라도 덤덤하게 떠날 만큼 마음을 가볍게 하고 있다. 삶이 더 고단하더라도 지친 만큼 힘이 된다는 것쯤은 말로서가 아니라 몸으로 익숙해져 있다. 이 한나절의 중한 나들이가 나에게는 천금보다 소중하다.

부족하고 염치없는 용기를 내게 한, 소리 없이 많은 인연에 고마움과 감사함을 전하고 싶다.

2023년 초봄에

차례

1부

2부

3부

4부

1부

가슴에 간직한 사연

그때는 그랬지
그냥 거기, 딱 그만큼
딱정이 같은 아픔이 숨어 있었지
묵은 것은 더 이상 필요 없다고
가라앉은 앙금 퍼담듯
아릿한 나그네 걸음으로
아침 눈에도 살그머니 그려 담았어
너였어!
한때 잃어버렸던
샛노란 은행잎 같은
책갈피에 꽂아 둔 그리움
아직 잊히지 않고 있다니
너였다고 '너 때문에'라고
탓은 더더욱 하지 않으려 해
아니 깊이 알려 하지 않을 거야
그래
그때는 줍지 못했던 숙제
딱 손바닥만큼 지나쳤던
사랑이겠지, 아마 사랑이었을 거야
착각이라 하면 너무 아픈

지지 못한 가을 매달려 울고

돌아서 가면 낙엽이 울고
아쉬운 걸음에
몇 걸음 가다 뒤돌아보면
따라오지 못한 내 마음
거기 그대로 울고 서 있다

앞서간 낙엽 모여 울더니
하마 지지 못한 목숨 하나
천근으로 붙들고는
긴 설움 매달고 바람에 흔들린다

이 가을, 붉고도 시린 사랑
아린 가슴에 새기지도 못했는데
강물 물들이며 가는 노을처럼
나 아직 길을 떠나지 못하고
세월이 흘리고 간
그 못된 가락에 젖어 또 눈물 흘린다

도화圖畵

흐드러진 꽃비를 좇아
문 열고 반겼더니
코끝에 스미는 송홧가루
바람에 밀리네

그러라고 한 일 없지만
흰 쌀알 같은
봄 길에 여문 별꽃
담장 아래 몽실몽실
하얗게 웃고

먼 하늘
빤히 뵈는 솜털구름
까마귀 울어 이는 산 그림자
무관하다 사랑의 연서
문득 스친다
궁금한 것이, 잘 있는지

마음으로 보는 세상

저 길 끝에 선 시간의 표식
닳아서 낡은 고무신 같은
여며진 옷깃에 감도는 향
병이 되어버린 작은 그리움
봄꽃 사이에 신열을 앓는다
숨을 삼키던 세월 전
찬바람으로 움츠린 것은
낙엽이 아니라
볕에 익어가는 잔설의 눈물이었다

지금!
멀어져 갈 속절없는 인연에 아프고
훌훌 털고 달아날 채비를 마친
가을의 그림
속세를 탓했던 시간들
그 아릿한 추억에 고무되어
참매미 뚝뚝 떨어져 나뒹굴던
여름 끝
찬바람이 해마를 건드린다

저기,
인생이 세상에서 오고
소소함이 그곳에서
소리 없이 희망을 나르다가
아주 작은 나로 인해
풀꽃 같은 희미한 여운에 젖는다

짝사랑

살다 살아가다가
삭아진 삶의 고개를 넘어
텅 빈 그늘에서 세상을 여밀 때
돌아선 그대의 어깨에
지나가는 따뜻한 바람이고 싶다

저물어 어두워진 툇마루
여린 불빛에 머물러 가는 그림자처럼
혼자 있는 그대에게
밤 그늘 불빛 같은 그리움이고 싶다

어느 한적한 시간
별이 머문 길
지문처럼 찍히는 눈동자에
오래도록 남겨진 눈물이었으면 싶고

살다 살아가다가
가슴이 닫혀 무뎌지는
그런 무심한 지나침 말고
보고 싶어도 쉬이 볼 수 없어
가슴에 매단 장기처럼

내 생애 단 한 사람
눈물 나도록 그리운 그대 기억에
숨겨 둔 나는, 여린 숨이고 싶다

송신탑 불빛은

송신탑 저 높은 끝에
빠알간 불빛이
눈을 떴다 감았다 한다

그 눈을 감는 사이
여리디여린 별 하나
어느새
까만 물감을 입은
세상을 헤치고 나선다

서늘하다 하였더니
바람이
가슴으로 덤벼든다

서성이는 가을

그 너머엔
그들이 머물러 있는 것
여름 지난 껍데기들의
작은 이별이다

풀꽃들도 잠들었을
저 어두운 자리
가로등처럼
아직도 창문 닫힌 그 밖에서
밤 내
빠알간 송신탑 불빛은
외로운 시간을 쏟아내며
그리움을 쌓을 터이다

그리워 추억하던 몽상

너를 사랑했지만
말하지 않았으므로
그 사랑에 관하여
너는 모르지

고된 삶의 파편을
골 깊은 주름에 대고
터벅터벅 걷는 시간
그 안에 담은 사랑
그것은 아픈 그리움이지

저기 어디에서
다른 사람의 이름을
사랑으로 담고
이 세상의 한 자리를 채울 넌
그렇게 애타게
그리워 추억하던 몽상이고말고

사랑하거든 눈을 감아라

만세에 누릴 것
생각이 떨어진다
풀포기 세듯 이미 넉넉한 시간
염원도
삶의 체증으로 쌓이면
진중의 다리가 될까 한다

사랑하거든 눈을 감아라
가슴에 담으면 안 될
불온한 삭정이처럼 나를 덮은 채
세월을 쌓아 갈지도 모를 일
내 안에 있는 것이라도
어쩌지 못하는 것이 있다네

꽃으로 보이거든 꺾지 말아라
거기 생명의 바람이 지나
묵묵히 견뎌온
소박한 화려함이 숨어 있다
때로 숨마저 녹록하지 않은
철들어 가는 시간을 묵히고 있으니
그저 보고 지나쳐 갈 일이다

사랑합니다, 사랑합니다

사랑합니다
하고 먼 하늘에다 남겨보다
가던 걸음을 멈추면
세상에 온 소소함까지 참 아름답습니다
봄 철쭉은 활짝
여름 장미는 불타듯 뜨겁고
담장 아래 깨알만 한 별꽃
옹기종기 모여 종알종알
그래서 또 사랑합니다

사랑합니다
하고 살그머니 뒤돌아보면
지나쳐 온 길
따라오다 멈춰 서서
잠시 나의 그늘에 쉬고 있습니다
사랑하는 일은
날마다 맑음도 아니요, 흐림도 아니네
부단한 생의 견딤같이
한 생애 가득한 시간 속
아프고 시린 것
머물렀다 사라지는 일까지
사랑하며 살 일입니다

사랑합니다
하고 말하고 나니
주마등처럼 스치고 지나는
인생의 숱한 인연에
고맙고 감사합니다
나, 세상에 보잘것없지만
이렇게 사랑하며 사느니
이 모든 것을 사랑합니다

내 안엔 너만 있고

너만 있고, 나는 없는 나라
거짓말처럼 그곳에는
내가 사랑하는 너는 있고
너를 사랑하는 나는 없다

가는데, 가고 또 가는데
슬프고, 또 슬픈데
간다고 붙잡아도
다시 오지 않는다, 지나쳐 간 너

내가 사는 나라에
너를 사랑하는 나는
너를 사랑하는 나는
내 사랑 안에 나를 버리고
바로 여기
내가 사랑하는 너는 있고
너를 사랑하는 나는 없다

사랑, 심장 떨리는

한 번에 한 가지
곱고 아름다운
심장에 그어지는 화살
누가 뭐래도
속살을 감추듯 비밀이어야
더 빛나는 것
사람을 만나 사랑이 되기는
그리 녹록하지 않다

"허어!"
이렇게 말하면
목마르게 한나절 빗줄기를
기다리듯
자작자작 젖기를 바라는 건지

처마 및 작게 생겨난 둠벙처럼
낙숫물을 보듬다
가슴이 패여도 좋으리
심장 떨리는 한 줄
아린 사연 하나
추억에 눈감는 사랑이면 어떨까

사랑, 어느결에 아련한

뇌물처럼
사랑은 늘 속에서 꿈틀거린다
화염에 싸이듯 열정적이었다가
가만히 돌아서면
다 타고 재만 남은 황량함 같기도 하고

환청이듯
사랑은 생생하다가
칭얼대다 잠든 아이처럼
조용하게
또 어느결에 멀어져 아련하기도 하고

별이 잠든 하늘
하얗게 눈을 뜬 달이 지쳐 가고
이른 한때
볕에 익은 감잎 그 고운 색같이
사랑은 설레기도 하고

비루하여라
보내고 남는 것은
황망히 돌아눕듯

마당 가운데 빨래걸이 장대처럼
우뚝 선 채 혼자이기도 하고

솜사탕처럼 달콤하다
꿀처럼 깊다가
잠들었다 깬 듯 몽환 중이었다가
비가 오듯 흐린 하늘같이 캄캄하다가
그립다 싶다가 눈물이 되게 하는 것
그것이 사랑 아니더냐

사랑, 아직도 거기에

사랑했던 시간의 잔해
금생에 놀러 왔다
시금석 같은 인연으로 머물러
풍운에 젖어 숨죽이다
어둠에 별처럼 반짝이라

차마 버리고 가지 못한 것
그것이 사랑이라고
저물고 어두워도
날만 보고 뒤쫓다 문득, 서니
거기 누가 서성이고 있는가

사사로이 돌아서지 못하여
두고 떠나왔더니
눈감고 까만 동공을 열어보니
아직도 거기에 사랑
그것은 여전히 병이네

담고 떠나갈 수 있는 것
어느 하나도 없다
없으나, 두고 갈 수조차 없느니

굴절된 소통 어디쯤
속없이 울다 지쳐
가슴 바닥에 퇴색한 채 앓다가 갈까나

가을은 사랑 때문에

낙엽 뒤에 숨은 시간이 있다
그 시간 차곡차곡 쌓여
차디차게 천지에 스미는 그리움
난 매일 사랑 때문에 운다

바람이 순간을 넘어간
잎 진 나뭇가지
나보다 더 내 안에 머물러
연습도 없이 무너져 내려
바라보는 것만으로도
가슴 안쪽이 시려온다

저 천운을 안다
눈물과 심장을 바꾸고 돌아서서
항명처럼 견디다 멀어진
너 때문에 나는 운다

지독하게 가난한 영혼
내어 줄 것 없어서 울고
등 뒤에 외로움이 뚝뚝 떨어져
혼자 저물어 가는
가벼움에 서러워서 또 운다

영혼으로만 도착하는 길

너에게로 가는 길은
숨도 필요치 않고
욕심마저 흠이 되는
이 세상에 다 주고 난 후에야
비로소 갈 수 있으리

빛도 아니면서 빛나고
금은보화도 아니면서 소중하다
때도 없이 영혼을 깨우며
섬광처럼 스쳐
가던 길 한쪽으로 난
샛길처럼 기웃거리는
그러나 지금은
바람으로만 볼 수 있는 곳

너에게로 가는 길은
형언할 수 없는 그리움의 한 곳
육신의 것으로는
도저히 도착할 수 없는
눈과 귀마저 닫은 채
애꿎은 이생의 허상을 다 벗어난
영혼으로만 들어설 수 있는 곳

너는 내 사랑의 종점이다

2부

사진 속의 시간

꿈에나 젖어 볼까
내 젊은 날의 초상
아직 여린 가슴속
머물러 있는 시간
그 푸릇함은 폴짝
이미 저물어 퇴색했네
청춘이란
젊은 내 아이들의 숨
그리움 속 내 그림
추억에나 뒤적거릴까
다신 마주하지 못할
많은 흔적
시간은 그저 사진 속에서
웃는 일밖에
더는 내게 내어 주지 못했다

청춘

빙하처럼
냉랭한 시공에 멈추다
볕으로 이는 땅
아지랑이 아롱아롱
설레는 옷깃을 풀다

꿈이듯
아련하게 멀어져
청춘은 추억 그늘에서 놀다
시리도록 그리운 한 날
축제장 한 페이지 같은
영상을 보여주듯 수를 놓는다

그땐 사랑도 설렘이더니
숫자 위에 더한 것은
열정마저 숨겨둔 두려움
부대끼며 나르던 싱싱한 시간의 들썩임
더는 내게 돌아오지 않는다

사랑도 추억도
가물대는 한낮의 그림자

그믐날 어둠 속에
쭈그리고 앉아 심문하듯
철 지나 철없이 핀 꽃이나
가는 눈썹달이 나와 같구나

가을로 가는 기차를 타다

낙엽입니다
가을로 가는 기차를 탔다는군요
자신을 태우는 소멸의 시간
애당초 대낮 높은 볕을
거부할 수 없어 거친 숨을 삼켜보네요

실눈 사이로 스미는
서리꽃 그 빙하의 기온
반기지 않아도 이미 짐을 다 풀었네요
허락 없이 든 미운 마음
작은 위안으로 빙수 같은 바람이 따라나서네요

낙엽입니다
바람에 실려 한 자리 곱게 머물면 다행이라고
그렇지 않더라도
세상에 온 몫으로 초록 숨을 품었다
어느새 정색하고 찾아온
볕에 묻어온 퇴색한 그림을
고스란히 챙겨 담고 가야 한다는군요
오래 머물러 있지는 못한다네요

어느 날 여백이, 독한 술처럼
하얗게 누운 겨울 앞에 얼음기둥이 되었네요
약한 모습으로 흔들리며 나 돌아가요
가을마저 눈 가린 몇 날
기척으로 두어 번 바스락거리다
그리워 문 닫지 못한 껍데기!
그 나만 덩그러니 남겨져야 한다네요
그렇게 이 땅에 흩어져 사라지는 저는 낙엽입니다

인생은 숙제

삶이야
일출이듯 일렁이다가
다시 바다이듯 출렁이다가
어느 때는 사연 없이 시리다가
또 어느새
비애와 누추함이 노두가 되기도 하다

언제 반나절을 익히듯
순간을 번득이며 넘쳐 왔을 고
청춘이 뜰 아래 잠잠하니
볼멘 인생사 불쑥 나선 부끄러움
눈 감은 그 너머 아득한 허기

삶이야
문신처럼 새겨진 인생옹이
누구의 탓 아닌 자신의 몫
대신이란 없는 철저한 구속
그 후 기억의 잔재마저
다 잊힌 채 사라져 가는 것
그것이 인생이다

나보다 더 외로운

의식의 끝에서
맞이하는 아침은 참 아름답다
오밀조밀 세상에 둘러앉은 이야기들
그 아래 앙증맞은 생명
햇살에 걸터앉은 풀꽃들은 더 곱다

어쩌다 누군가의 눈빛이 그리우면
물빛 은은한 바람에 출렁이라
강가에 서서
달빛에 기대인 엷은 별을 보듬고
나보다 더 외로운 시공에
가로등 불빛 초롱초롱
잠든 세상 불침번이라

소멸되어 흔적 없을
저 낯선 기의 덫
사라지고 잊힌 쓸쓸한 면
사선을 넘다 사라질 유성같이
지난 것들은
또 그렇게 사라진 채로 모여 산다
거기에 숱한 인연의 시간도

가시 같은 그리움

게으른 내 육신의 뒤란
숨겨져 빛바랜 형상이
하나 둘……
맑은 물빛 가득한 냇가
초록초록 숨찬 봄이 매달린 고향
차마 버리지 못한 꼬깃한 조각들
가시 같은 그리움인가
젖어 찢어질 듯
수묵화 흐려진 몽산
안개 가득한 길에 서서
텅 빈 시간을 되돌린다
몇 냥의 노자와
몇 톨의 양식을 쥐고 선
분홍 꽃신 이생의 이별가
값없이 두고 간 흔적
촘촘히 꿰맨 걸음
돌아서 가더니 점점 희미해지네
이제 더는
꿈조차 미흡하다
억겁의 강을 건너
뉘도, 뒤도 없이
구름에서 노니는가

세월

너는 소리 없이 나에게로 오고
아쉬움만 가득하니
오는 너를 막지 못하는구나
보슬비 지긋이 내리고
변방에서 들리는 북소리
가슴에 닿으니
처마 끝에 달랑대는 풍경 같더라

만 리 길 홀로 걷다
노을을 품은 먼 산자락
사랑에 타는 듯 천지를 태우고
하염없이 울어대는 산새는 부리를 세우고
누구도 없이 지척에서 홀로 외롭다

강턱에 걸터앉은 달 매무새
적막하다 그리워 저문 밤
인생이 어찌 청춘만 머무르랴
강가에도 너의 파문으로 물무늬가 까맣구나

초라하기로 풀숲에 노니는
하루살이보다 나약한 신상
묵힌 시간 속에 갇힌
정적도 뒤돌아 숨게 하는구나

내 안의 그리움은 건드리지 마라

세월아
강산을 바꾸고 흔들어도
내 안에 그리움은 건드리지 마라
네가 아니어도 빈 청춘을 묵히며
운간에 청천이 고된 만큼
나 또한 그러하다

나를 바꾸고도 모자라니
사람아!
기다림에 달빛은 마르고
파도까지 닳고 닳아 멈추어 버렸음이라
한 줌 흙에서 얻은 교훈이려니
변함없이 나를 지키는 숨
동천에 숨은 성진처럼
내 조용히 남아 있으리

백색 그 찔레꽃에 앉아
순수를 비벼대는 풍경아
공존을 훼방하니 충분히 괴롭다
저물어 휘장을 친 어둠이 부른 노래
버리지 못해 목이 쉬어버린 비련이라

세월도 사람도
모두가 소리 없이 흘러감을
내가 어이 못 하니 서글프기 한이 없다

세월 가지로 깁는 밤

가난한 마음 뒤척이다
밤 한쪽 옷자락 여미듯
초승달에 묻은 구름을 털어
손가락 사이로 흘러가는
세월 가지를 깁는다

선 고운 어느 웃음 하나
뒷산 가득한 숲길 헤매고
저녁노을 곱던 한때
인생길 몇 구비
먹먹하게 다가선 단애

생명, 세상에 더 없는 이름
꿈에 이르도록
길은 여지없이 아득해도
곰삭은 맛 김치처럼
생생한 파편을
인생으로 익혀낸다

묵은 것, 오래된 것

묵은 것
꺼내 볼수록 연연히 맺힌다
그렇게 떠내려가련다
멈칫 바라보는 척 마주치면
거기 작은 검불을 하고
추억 같은 희부연 기억과 놀다가

오래된 것
노랗게 빛바랜 공책같이
뉘 허락으로 주름은 파고드나
촘촘히 새겨진 타투 같은 옹이들
관심도 어느새 부담이라
이 시간을 어찌 붙잡을 고

쇠잔한 마음이여
이제 병들고 시들어라
머물러 즐거움 아니거든
버리고 지나갈 것이니
너 아니고 나는
오래된 것이냐
묵은 것이냐

저승 가는 길

무녀도 어쩌지 못하는
저 단단한 빗장을 여는 날
그 문은 단지 숨 하나만 닫으면
슬그머니 떠날 수 있는 길

헝클어진 머리도 말고
오랜 세월의 흔적으로 남은
육신의 낡은 누더기도 아닌
영혼의 것으로만 갈 수 있는 길

그러나
미련으로나
원망으로나
그 무엇으로도 아닌
숨이 다해야 갈 수 있는 길

나무도 해도 달도 모르고
그때는
시간이 가득 차야 갈 수 있는
세상이 더 이상의 것을
내게 줄 수 없을 때
그득한 욕심으로부터 돌아서 가는 길

숫자로도 세지 못하고
사랑으로 논하지 못하는
아무도 알지 못하는 시간의 배분
눈물로도 어쩌지 못하는 곳

그곳에 생의 끝인 저승이 있다

이승의 배웅

세월에 진 패잔병
눈 감고 돌아앉은 그대
어디쯤 마음을 털고 있을까
산길 저물어
어둠이 바람 탄 아궁이에 매달린
불기둥 같다

숱한 근심을 약으로 알고
한 입 두 입 덥석 삼켰더니
심장 심방 구멍에서
적혈의 길 응혈되지 않아 슬프다

고적한 먼 땅
건너에 그림처럼 펼쳐지고
그 앞 넓은 강을 건너야 살 거라
눈 뜨고 그리운 향
부르고 모아도 모자라다

오열이 천지에 놓이고
천근의 집채 영혼만 할까
한여름 부는 칼바람

눈물에 삼켰던 근심이 일어선다
더는 삼킬 기력 없는데
남은 몫은 다시
누군가 목젖으로 넘겨야 할 눈물
부디!
평안을 삼키고 이생을 털어내십시오

겨울비는 그리움으로 오고

끝이 아닌 또 다른 시작
계절이 지날 즈음
새초롬하게 내리는 비
그건 아마도
그때로부터 멀어지려는 몸짓이려니

투영되지 못한 젖은 시간
책장에 넣어 둔 낙엽 같은 그리움
빙하를 건너듯 버틴 생명들
그 가운데 철없는 개나리
뜬 눈으로 비에 움추린다

어느 저녁, 샘에 켜진 등
꼭 그만큼의 거리에서
초사흘 초이레의 간절함, 그 기도
비에 젖어야 도달하는 곳
넉넉히 젖어야 다다를 춘절
생명을 깨우는 비가 헤맨다

비는 어쩌자고 와서
칼바람 그 몹쓸 외로움

산 끝 무채색 그림자만 울어
비 한 번에 겨울은 쉽고
엄마가 떠난 길 가
봄 아지랑이가 앞서 기다린다

몽환 중에 만난 연인처럼

석고처럼 찬 겨울
햇볕은 언제나 위안하지
가지 끝에 숨을 매단 몽우리
긴 동굴 속 지면
고초의 무딘 시간을
부리에서 뿜어댄
생과 사의 고단한 동정動靜

한파에 단련된 지상의 것들
그 긴 동면에
홀로 잠잠한 체온으로
스스로 견디다가
더디게 돌아서기도 한다

실버들 물오른 색
먼 나라에서 친서를 보내듯
꿈꾸는 솜털 그득한 태동
몽환 중에 만난 연인처럼
흔들리는 동공
겨울 뒷문 잔설이야
오래지 않아 눈멀어 돌아서고 말 테지

꽃 피는 춘삼월
가는 비에 초록이 이름을 포개면
바지런한 여름 볕에
겨울 한 자리쯤이야
이 빠진 그릇처럼 한켠에
누추하게 묻혀가겠지

피안의 길

물안개 내린 낡은 다리 건너
피안을 꿈꾸는 실낱의 희망
세월 속 무거운 사색의 강 벗고 싶은
도안으로의 노두
가고 가도 도착하지 못할
이생에 욕심의 끝
인생길 필마 자신이 위로다
영혼이 쉬일 강 건너
흑흑한 색막이 엄습해 와도
섬섬초월이 눈을 채워 반긴다

3부

새벽꿈에 고향이

초사흘 새벽 잠결에
빗소리가 들려와
겨우 잠든 귓가에 추억이 혼란하네

장작불 이글거리는 아궁이
아버지 정에 익어가는 고구마
꿈 가운데 그 뜨거운 조각이 그립네
동백꽃 떨어진 그늘
유년에 닮은 조각들의 유영
멈춘 채 영글지 못한 기억
베틀에 앉은 어머니의 청춘
촘촘히 새겨진 주름
모시 가닥 세듯
인생이 소금이듯 역사가 되었네

사장나무 그늘
묵은 가지의 겨드랑이 솔솔 오르는 생명
한밤 내 젖어
떨어진 비늘 같은 기억의 하품
햇볕 드는 뜨거움이 가해자인 양
비는 어느새 숨어 간 곳 없는데
아직 고인 물속에
떨어진 추억이 첨벙이네

문득, 고향

산들바람 창문에 기대오면
고향 산길 오간 초로草露의 시간이 문을 연다

산초 열매 까맣게 얼굴을 내밀고
언덕배기 갖가지 꽃들이 줄을 서는
여름 볕 그 정열에 불탄다
골짜기 흘러내리는 물소리
신선의 커진 귀처럼 시원하고
새참에 부른 배 드러내고
코끝에 이는 바람
눈이 절로 감긴다

문득 눈을 뜨니
이 도심에 저 뙤약볕 반갑지 않다
오랜 가뭄 마른 땅에 생명이 운다
어느새 돌아보니
내 맘은 떼어놓고 울었던
고향, 그 물가에

사랑도 병이려니
버린 듯 잊었다 했지만

나 어디서 왔을까나
여태 세뇌했던 모든 것이 허사
고향, 그 따뜻한 심장
숨기고 그리워 한때가
아직 여기, 살아 숨 쉬고 있구나

서 있는 고향

흔적마저 꿈에 담은
미농지에 그린 초상화
금월 금일은 없고
희미한 흑백의 표상이 선 채 머물다

아마도 고향이었을 거다
정자나무 묵은 세월
가난이 밥이었다고
손톱 밑이 까맣던 유년의 비탈
청춘의 그늘에 앉은
잊으면 안 될 만큼의 추억들

앙금처럼 가라앉은 넋두리
소멸되지 못한 초라한 시절
겨울 아침 칼바람처럼
추억에 베인 마음
몇백 년 묵묵한 정자나무
이제 고향은
쓸쓸히 댐 아래 잠자고
간간이 추억 하나만 오간다

정자나무

수백 년 천지를 품었다
만세에 오간 인연으로 머물렀다
말을 잊고 흘러도 보았다
그 아래
여태 앉아 계신 내 아버지
먼 세월 되짚으며 사색에 머무르네

청보리 아카시아
털털 털린 가슴이 해졌다
돌아서 올 줄 알았더라도
돌아서 다시 갈 줄 알았던 것인가
울퉁불퉁 세월을 지킨 뿌리 위
고향이라는 이름이 새겨졌다
남겨진 정자나무 홀로 지킨 고향

지금은 수심에 아른거린 기억만 숨을 쉰다

저물어 멀어진 갇힌 시간
돌아서 삼켜본 눈물
추억인가, 그리움인가
살짝만 흔들려도 멀미 나듯
목젖을 울리며 멈추게 하는
나에게 고향은 울며 먹는 겨자와도 같아라

아버지의 그림자

남루한 내 사랑 안쪽
먼 나라에 가슴을 묻다
차디찬 심장을 흙으로 채운
기아에 허덕인 난민 같은 모습
도토리나무 그늘에
영혼을 내어둔 아버지
젊은 날의 기억을 도말하고
머리에 맴을 도는 음성

그것은 눈물 젖은 두만강

산자락에 걸려
메아리도 울고 가던 그 곡조
이젠 그 굽이지는 고개마저
아프게 잘린 채
고단한 삶의 그림자로 묻혔다
골목 어귀 쩌렁쩌렁한 헛기침 소리
주눅 들던 아이들의 급한 발소리
쉼 없이 채우고 담던 세월
반백의 소슬한 바람만 쓸쓸하다

가는 길에 두둑했던 비바람에 눈보라!

이젠 그것도 세월의 되새김일 뿐
그 자리엔 서글픈 소주병이야!
왔다 간 흔적일 뿐이지
칼바람 머물다 지나간 겨울
그리움만 더한 기억
이 밤을 훔치는 내 맘만큼 차갑다

어머니

목숨이 하나
눈썹 끝에 매달린 숨
고무신 걸음들이 흩어지네
오직 너였다고
춘삼월 따뜻한 기다림도 오직 너였고
오뉴월 그 뙤약볕도 역시 너였고
떠내려가도록 흩뿌린 낙엽도 너였고
소복이 옷 입은 산천마저 너였다고
애잔히 전해 봐도, 무심한 메아리
둘러보아도 그것은 침전된 앙금이고 말고

추풍 무서리 아래 무적처럼 나뒹굴던
모퉁이 돌아가는 낙엽이나 될까나
저기 호젓하게 걸어가시네
휑한 툇마루 감잎들만 우수수
추억 속 탱자나무 울타리엔
마른 더덕 넝쿨만 우왕좌왕
부풀어진 씨방에 기웃한 찬바람
먼 산 비낀 구름처럼
가뭇없이 기도만 흩어지네

첩첩이 고뇌한 숨소리
닫히지 않은 무거운 안중
외면한다고 잊힐까마는
더는 털어내지 못할 숨인가
사랑도, 사람도
기억 저편에 먼저 보내더니
백지 위에 가슴 한쪽 두고 가시네
아서라! 철없는 인생아
모든 것이 부질없어라
보내고 우는 불효만 먼지가 되네

어머니 2

그을려 쭈글쭈글한 주름을 훈장처럼 달고
다시 햇볕을 인 채
예쁜 꽃 울타리를 다듬으며
모진 기다림을 낳고 계신 어머니
걸어본 적 없다는 손전화
시간을 보는 도구란다
양분 다 소진한 껍데기
어머니의 굽은 허리를 만지며
가만히 눈물을 훔친다
유년의 시간을 검은 먹지로 가리고 싶어
앞만 보고 달려왔더니
어머니는 지쳐 멈춘 내 가슴에
아프게 새겨진 옹이
먼 길을 돌아와 문득, 하늘을 보니
어머니의 길이 질곡인 것을
칼바람 부는 이 엄동설한
견디며 달려온 길이 그만 또 서럽다
닦고 또 닦으며 견뎌온 세월
그리움도 한 자루 메고 온
무거운 시간
다시 찾아보니 고향과 어머니

나는 거기 있고, 또 외로우니 눈물이다
꿈 찬 깊은 밤
어머니의 마른 젖가슴
물끄러미 마주하고 또 운다

어머니의 환영

고운 걸음 다 지고
헤져서 남루하기로
그 모습 그 미소가
애잔도 하여라

그리움에 얼어버린
초설 같은 이야기들
설 까치 울고 간
설은 가슴 그리 보내고
나만 남아 있구나

혼절할 시간을
뼈만 남은 등에 지고
청춘의 그늘은
어느 바람에 사라져
삶이 준 허기만 남았어라

꿈에서나 만나지려나
비 오는 한낮의 잠 속
야윈 가슴에 새겨진
면면의 구비 진 골

뼈 아래 숨긴 한
거기엔 야속한 바람뿐

나처럼 가을은

우리는 금세
보랏빛 눈물도 가다듬고
하늘 끝 구름이 흘리고 간
그림자에 작은 마음을 쉬어가네

아마도 거기엔
집채만 한 두꺼비 등가죽 같은
삶의 누더기도 있을 테고
아니다
하얀 이 심드렁하게 드러내 놓은
싱거운 웃음이 있을지도 모르네

간간이 솟아 헤집는
알싸한 철 지난 기억
멈춰 서지 않고
저만치 선 세월이 부르는 그리운 노래
고막처럼 골 진 모퉁이 길
거만하지도 않게
나를 미혹하지도 않은
가난한 영혼의 한 자리
멀찌감치 젖어오는 추억 나절
가을도 나처럼 숨을 죽이네

그 아름다움에 쉰 나이
지나쳐 가도 더는 아쉽지 않아
가을 그마저 가슴을 닫지 못하네

동행

내 젊음을 취한 그대여!
긴 시간을 보태고 쌓았으나
어느새 그 청춘
흩어져 사라진 구름 같아
쫓기듯 멈춰선 단애
검버섯 내린 주름 찬 육신이여
말처럼 부대끼며 겪어온 길
오만 순간들 봇물처럼 쏟아지니
이 심중에 그대 아직 고마운 흉터
그걸 여태 말로 하지 못하였네

철없이 그대에게 나를 기대
연약한 페이지를 남겼던
그 수많은 갈등
펄럭이던 새것들
또 젖어 낡아지고
풀빛에, 낙엽에, 설상에
그대 소중함을 차마
말로 다 못 하고 흘러왔네

이리 늦은 세월을 긁으며
더한 곤궁함을 맞이하더라도
여태도 견디어 왔으니
소슬한 바람 쫓아오면
그것도 외롭지 않겠네
바쁘지 말고, 아프지도 말게
그냥 천 리를 가듯 마주 보며
생명의 산을 조용히 넘어가세

친구에게

어이 친구
길가에 가을이 쉬어가고 있네그려
자작자작 내 마음에도
낙엽이 숨을 멎고
저 길을 몸으로 걷는 것 같이
괜한 서늘을 한가득
글썽이듯 안고 가네그려

이보게 친구
선물인 양 구름 한 점
하늘 자리에 소복이 묻어 두고
추억도 한자리 채워 보듬네그려
오랜 시간의 숲을 거슬러
지친 영혼을 줍고 있는
별을 위로하듯
세상은 가을 속에 젖어만 가고 있네

이보게
바람나무 잎 진 빈 가지새
취객처럼 흐느적이며
텅 빈 스산이 매달려
그리움을 점찍고 가지는 않나

어이 친구
난 그렇다네
이 가을 작은 마음을 자네 문밖에
소리 나지 않게 놓아두고 가네그려
서리 같은 그리움도 함께

남김의 말

– 내 아이들에게

변함없이 마주 보며 흘러가라
사람의 마음 영원할 수 없을지라도
손바닥을 뒤엎듯 가볍게 흐르지는 말아라

눈에 보이는 세상
어찌 아름다운 것들만 있겠느냐
물 묻어 무거워진 옷처럼
몽창거리며 곤할지라도
그것으로 너무 지치지는 말아라

하늘가에 별도 쉬어가니
어두운 밤을 지키는 달아
그리움이 아니더라도 좋다
돌보지 못한 고운 시간들
놓치고 지나지는 말아라

남는 것을 나누는
거만함으로 살지는 말아라
너희들의 것은 이 세상에 하나도 없으니
잠시 맡아 지키고 가는 것을 잊지 말아라

세상이 험하다고 말은 하되
스스로 험해지는 일을 만들지는 말아라
옷을 해지게 하는 좀처럼
마음을 좀먹게 하는 것들이 크기를 키우게 될 테니

겉 다르고 속 다른 것은 참는 일만 하여라
참아내는 일이 고통이게 하지 마라
고통이란, 병이 될 수도 있으니 말이다
이고 진 세상의 짐 어찌 없겠느냐
숨 쉬는 이 한 가지
내 안에서 뿜어내는 힘
그것이 너희들이란다
그것이 바로 사랑이란다

당부

– 내 아이들에게 2

빛나거라
더디게 사라져 가는 것이 있거든
돌아서 다른 시간이 따라오는 것을 보아라
거만하지도 않고, 인정치도 않으면서
고집도 없이 그저 알 듯 말 듯하게
딱 그만치에서 따라오는 것이 시간이란다

겸손하여라
세상에는 너도나도
그리고 우리 모두 다 소중하지 않은 사람
하나도 없는 것
사람을 저울질할 자격이 있는 것
그것 또한 시간이 말해 줄 것이란다

정갈하여라
마음 안에 계산은
너희들을 슬프게 할지 모른다
가슴에 넣어 둔 파릇한 청춘의 것
그것을 잃지 말아라
삶의 목표도, 가치도
이루는 것이 완성은 아니란다

뉘우치되 후회는 하지 말아라
누구든 지나온 오늘이
다 만족하지는 못할 테니
못 이루었다 비하하는 일은
욕심으로 인한 것이라
오늘이 두 번 있는 것 더욱 아니니
이생에 오늘은 늘 있으되
같은 오늘이 될 수 없는 것
소중하게 내일을 기대할 일이다

세상을 업고 산 사람

이미 이승에서 멀어진 이름
매양 다를 것 없는 시간의 전시
슬쩍 썼던 시를 읽는다
삶, 그것이 고행이라
그럼에도 어느 하나 내버리지 못했지
그 무게
그 값이 고뇌한 인생의 몫이라
어느 동한冬寒 중
유선 너머 반기는 목소리
지진 나게 흔들리다
그리운 이승에 끈
백 번을 떠져도 차마 이르다고
차례를 누가 막는다냐
숨을 돌려 땅에 머리를 누이네
오만가지 살아 있는 것들의 잔상
숱한 시간의 오만
씁쓸하기 그지없는 일상들이 저물 즈음
불쑥 일어나 달려올 듯
고맙다는 마지막 말이 귀에 박혔다
그 후로
기억 그늘에 추억별 하나 심었다

막막하여 비루한 이별이라
가고 남는 일조차
남겨진 사람의 또 다른 몫이라니
작금의 시간
싱싱한 그 목소리 바람처럼 그립다

북방의 먼 별

외롭다는 말
비어 있다는 맘
그리고, 너무 멀리 와 있는 삶
도대체 언제 여기까지 밀려와
쓰디쓴 방황으로 숨을 쉬고 있는지

가을이 훌쩍이는
이름도 모르는 산모롱이
어느새 붉어져
이 가슴에 묻히는가

천년이라도 머물러
이름 하나 남기려나
나뭇잎은 떨어져
파란 하늘 등에 메는데

재촉하는 것은 내 맘
한낮 볕은 또 다른 맘
낙엽은 익어 부서지고
나는 따라서 겨울로 간다

4부

의자

아무것도 바라는 것 없이
물빛 노을 비끼는 그늘에
잠시 머물렀다 가도 될까요

안개 짙은 못에
잔잔히 떠가는
수묵화 속의 배를 마주하고
잠시 눈을 감고 젓어 가도 될까요

청춘이 건너간 노두에
바람은 저쯤 멀어져 가고
항명처럼 버티고 선 시간
재촉하여 세워도
잠시 잠시만 쉬어가도 될까요

내 안에 숨은 남루

가는 듯 오는 듯
무심타 하였더니
벌써 칠월의 해가 떨어진다

내, 별 아래 무엇을 펼치고
또 무엇을 주워 담았는지
실타래 엉킴처럼 얽히고설킨 자리
남루하기로 실눈을 뜨고
돌아서 바라보니 아득하다

꾸밈없이 고찰하여 가꾸어 온 길
뻐꾸기 둥지에 남은 것은
허망한 껍데기뿐

공으로 왔다가 공으로 간다더니
욕심으로 배부르다가
나약함으로 지쳐가나니
물살 지나는 강물에 세월만 넘실댄다

고루하다 내 안에
제목 없이 숨어 있는

시여, 노래여!
더는 숨어서 나를 겨누지 마라
다시 너를 찾아
밤낮없이 헤맬 채비가 되었나니

창가에 앉은 가을

금이 간 시간을 지나
유채색 그 현란함
올 하지는 뜨겁고, 힘겨웠지
여린 거미 한 마리
보일 듯 말 듯
가만히 문 열어 보낸다

창밖 세상은 전쟁터
볕이야 강해도 하늘은,
구름은 또 얼마나 깨끗한지
겨우 코로 숨 쉬는 한 사람
천엽 같은 살덩이
낯선 이방인으로만 나는 서 있다
야윈 어깨 너머
때도 없이 눈물을 훔치다
익은 단풍에 그만 들키고 만다
흘러가고야 말 두 잎
새털 바람에 가슴은 이미 강물이라
가늘게 떨고 있는 가을
이 순간이
저 낙엽보다 더 아파
기대인 창문에
낙엽이 또 떨어지고 있다

사라진 자리

– 길가에 꽃 한 그루를 보며

강한 볕에
동정할 수 없다
어찌나 선명하던지
그림자마저 책임지듯
당당하니
어느 시간의 굴절됨을
사라짐으로 덮을 꽃
차마 순간을 제거하지 못한다
혼자이면서
또 혼자이지 않은
자연적이면서
또 소멸될 그 언제
그때
그 쓸쓸함까지
세상을 다스리듯
걸음을 멈추게 할 뿐
또 한나절의 시간을
착실하게 쓰다듬으며
볕에 익어간다,
흔적 없을 무명의 때에

길의 흔적

그리 멀지 않았다
오래 유숙하리라 기대하지 않았다
영원하지 않을 것도
편안하지 않을 것도 이미 알았다
그래서
자만하지 않았고
거만하지도 않았다
강하지는 못했고
민첩하지도 못했다
세상에 있는 어떤 것도
내게만 주어진 특권으로
곁에 머물러 있는 것은
더더욱 없었다
바람에 꽃이 지지도 않았고
비에 그 꽃이 젖지도 않았다
기다림에 상했고
그리움에 멍이 들었다
그러나
모든 것은 지나고 흘러가는 것
삶이란,
흔적이고 길이었음을
한참을 와서야 알게 되었다

무등산

이화가 춘절에 별을 훔치고
황금빛 송화는 지상으로 드러눕느니
복사꽃 꽃비는 눈 안에 천 리를 덮는다

연풍에 우레는 눈 감추고
노란 꽃물은 뒷모습으로 저문다
여기저기 흘러가는 꽃물
그 흔적 무언지 쓸쓸하다

저기 입석대 주상절리
길게 뻗은 그 절개여
이상이 눈부신 저 힘
개화는 어제, 낙화는 오늘
꿈 잊고 오른 산정
먼 봉우리 아득도 하여라

명인의 칼날 같은 예리함
파란 하늘 디딘 발 신선으로 왔나
역전의 고뇌한 시간은 어제
청춘을 묻고 달리는 오늘
무등산 저 늠름함
춘절 끝 초록마당에 희망만 넘친다

탄금대의 가을

깊다, 부딪혀 간 세월처럼
먼 산을 넘어간 해 자리
조용히 내려앉은 노을
타는 듯 출렁이는 물빛
잠시 후 밤으로 가는 침묵이 무겁다

사계의 바람을 고스란히 만나
숱하게 스쳐 간 걸음들
떨어질 듯 아스라한 바위
세월, 그 덧없음
흐르고 흘러도 혼으로 다가오는데
가슴에 유산을 안고는 갔는지

바람이 휘감고, 빛 서늘한 때
열두 대 바위 난간에
어둑한 천지 구름 살포시 쉬어가면
어느새 지는 가을의 숨
쉰 빛의 그늘이 어둡다 내려가라 하네

세월이 하도 낙엽 같아서
하얗게 상해버린 이 욕심

열두 대 푸른 물빛
숨 쉬는 역사의 발자취여
왔다가 돌아가는 걸음
몇 그루의 나무를 심고 돌아가나
나도 그 속에
가을 그림자처럼 머물렀다 돌아서 간다

도담삼봉 나루터에서

고향이 그리운 날
도담삼봉 나루터에 서다
얼음이 그물처럼 물 위를 건네
만수위의 마른 징표
이처럼 하얗게 햇볕을 나누는데
바람은 안으로 물그림자를 낳는다

삼봉은
바람과 숨은 얘기 나누듯
살얼음 무안한 무지갯빛 물무늬
정자 위 구름은 아득하고
겨울 하늘 어찌 저리 맑을까

얼음은 칸칸이 사연인가
남의 고향 훔치듯
삼봉을 돌아
얼음 깨치고 물살을 가르는 배야
너는 고향으로 가는구나

그리움이야 눈물로도 못 막지
저 발걸음 어찌 반기지 않을까

초하루 따뜻한 귀향
행인의 걸음을 떠다밀고
나르고 나르는 저 배
정 하나로도 배부르겠다

물안개

개미가, 밀고 가네 꿈을
돌 틈 배짱 좋은 힘
……
어느 둥근 시간 속
나의 긴 한숨처럼
물 묻은 입김이 여기저기
너머 강둑은 아련도 하여라

빛바랜 나뭇잎 몇 개
짐 싸고 떠나와 묻히고 잊히다가
화려하기 그지없던 그 선명한 나절도 가고
은색 목에 걸린 나룻배
환영처럼 흔들거리는데
몸 푼 부들 안개 속에 젖고
물오리 몇 마리 조식 차
자연 화폭에 얼굴을 내민다

해오름이 이른 시각
아름다워라!
신선이었을까 눈먼 산 그림
수묵화처럼 펼쳐지고

어느 장승과도 같은 목석 하나
넘어 든 햇살에 노출될
아침 강 안개와 쉰 별을 지키다

순간 감아 본 눈
세상은 다시 공존을 꿈꾸다
강 건너 몸 푼 굴뚝
아침이 빚은 연기가 몽글몽글
안개는 스스로 햇살에 젖고
찰랑찰랑 빠알간 물빛
어느덧 해가 중천이다

검룡소

이끼 소복한 바위와 물줄기
시원하고 맑은 그 소리
한강의 발원지에서
작은 희망을 소원해 본다

흐르다
강물로 만나고
더 깊이 흐르다
바다와 만나겠지

망망대해 그 물에서는
작은 것도 크게 머물고,
큰 것도 작아 보이는
세상에 온 한 점으로
다시 만나지겠지

두물머리 이정표

백련이 치맛자락을 펼친 두물머리
두런두런 오가는 고운 걸음
양지꽃 노란빛 꽃잎에 쉬어가는 사랑

실버들도 살랑대는 물빛 찰랑대는 시간
몸에 휘감으며 저무는 노을
정다운 눈 맞춤
수채화 속에 놓인 듯
잔잔한 강바람이 물무늬에 숨어간다

그래! 사랑할 수 있을 때 맘껏 사랑하여라
저 물빛에 약속 하나쯤 띄워 두고
혹,
잊어버리더라도 아니 잊혀 가더라도
추억이라고 꺼내 볼 수 있다면
한 잎 정열의 꽃으로 오래도록 사랑하여라

이정표가 희미해지지 않도록
곱게 눌러 쓴 연필 글씨처럼
여운을 남기는 하얀 사랑을 하여라
때 없이 남의 사랑을 기도해 본다

바다가 보이는 날에는

내 가슴에
바다가 보이는 날은
속없이 아프다
비양도 그 파도를 따라
먼 수평선에
삶의 지리한 편린을 내어 버리듯
하얗게 포말 진 물살에 비친
안개 같은 아득한 웃음
그 바다는
언제나 식지 않은
용광로처럼 시간을 끌고
누구보다
무엇보다 더 간절하게
이생을 달리고 달리다
스스로 멈추어 서서
각혈을 하고
뇌의 수혈을 금한 채
바다로 숨었다

바다에는 사랑이 산다

바다에는 추억이 산다
뒤춤 꼭 쥐고 놓지 못하다
푸르디푸른 물결
그리움에 베인 칼날이야
어두워지면 등대가 선 채
추억을 업고 물 위에 눈을 비빈다

바다에는 사랑이 산다
먼저 간 사람의 환영이 해무에 가리고
가슴에 노니는 세월에 고비
차마 이르지 못한 그 숲
어쩌지 못해 압축해 둔 기다림이 너울댄다

바다에는 두고 온 것들이 갇혀 산다
신선神仙처럼 평정하여
감추다 끝내 묻혀버릴 이름까지
아픈 눈물도 한 줌
모두 잃었는가, 아니 잊었는가, 했더니
바다는 내 걸음에
추억이란 짐을 곱게도 지운다

바다는 나에게

사막 같은 마음이 오면
나는 바다로 간다

바다는
욕심마저 풀게 하는
심안의 영역

눈으로 보고
마음으로 채워
세상사 찌든 주름
잔잔한 물결 위에
작게 접어 올리자

햇살에 가려진 구름 너머
찬바람이 가슴을 스치면
나는 바다로 간다

그 바다는
곤고하고 궁핍한 편린까지
다 포옹할 것이니
귀향하는 내 앞에

금안金鞍을 놓아 줄
바다로 나는 간다

흑해

광활하여 대지에 비할까
홀로 무한하여 비교하거나
범접 못 할 위상
세월조차 무례를 범하지 못하다
위선과 타락도 삼켜 버리는 수위
순수함, 거기 태고의 힘이 있다

망망대해 거침이 없고
세세토록 마르지 않을 깊음
집채만 한 파도가 놀다
미세한 편린까지 모두 다
포용해 버리다 그 따뜻함에 가려진
거기 거대한 위엄이 있다

영혼으로 건너는 검은 바다
저물어야 갈 수 있다는 곳
만물이 무언, 묵언으로 태동하고
긍정의 눈물이 그곳에 떨어지다
지면에는 없는 해수면의 터
그대로, 있는 그대로
가식이나 허풍이 필요치 않다

멀다, 깊다 그리고 넓다
그래서 그곳이
결코 세상의 끝은 아니라고
저물어 뚝 떨어진 일몰에 맡긴다

과거의 재생,
그리움의 거리와 밀도

김정수(시인)

1.

시몬 드 보부아르는 "가장 중요한 작품은 내 삶"(『보부아르의 말』, 마음산책, 2022)이라고 했다. 보부아르의 이 말은 문학 작품을 쓰는 것이 중요하지만, 문학 작품보다 자신이 원하는 삶을 영위하는 게 더 중요하다는 뜻으로 해석할 수 있다. 소유나 질투, 충절, 결혼 등의 정통적인 가치관이나 이성異姓과의 감정, 사회적 구속에서 벗어난 자유로운 삶을 살아야 한다는 것을 의미한다. 자유로운 삶은 개인의 선택이 성별이나 사회적 관습과 관계없이 공통의 존재라는 구조에 바탕을 둔 동등한 소명과 관계를 전제로 이뤄져야 한다는 말과 다름없다. 이러한 삶의 방식은 사회적 비판을 받으면서도 동경의 대상이 되곤 한다. 일정 부분 물질과 정신을 공유하면서 서로 간섭하거나 억압하지 않는 유연한 삶의 방식은 너무 혁신적이라 어느 시대에서나 받아들이기 쉽지 않았던 게 사실이다. 보부아르와 장 폴 사르트르가 계약결혼을 시작한(1929년) 시대에도 표면적으로는 환영받지 못했다. 하지만 인간의 내면 심층에는 그런 삶을 이상적으로 생각하는 심리가 은근 자리를 잡고 있다. 원하는 것과 행동하는 것에는 분명 상당한 괴리가 존재한다. 사르트르는 '필연'보다 '우연'을 강조한다. 세상 모든 것에는 필연적이지 않은 부분에 우리가 인식하지 못하는 '여분'이 존재한다는 것이다. 여분의 존재인 인간도 어떤 의미나 본질, 속성을 부여하기 이전에 우연의 존재, 그 결과물이라는 것이다. 우연히 태어나, 우연히 살아가고, 우연 속에 존재한다고 사르트르는 말한다. 그래서 그는 시대와 사회적 구속에서 벗어나 자유로운 삶을 추구할 수 있었다. 어떤 이유나 간섭, 의미조차 부여하지 않은 상황에서 자유로운 선택지가 주어진다면 우리는 어떤 결정을 할 수 있을까. 내 의사와 상관없이 태어난 세상에서 갑자기 생겨난 자유로운 선택지에서, 내가 선택한 길에는 분명 '책임'이 따른다. 그 책임은 성공의 여부나 가보지 못한 길/곳에 대한 막연한 불안을 느낄 수밖에 없다. '여분'의 존재와 자율 의지에 의한 선택, 그에 따른 책임과 불안은 '자아'라는 존재성의 인식과 변화, 가지 않은 길에 대한 희구와 아쉬움으로 표출된다. 임송례의 첫 시집 『사랑하거든 눈을 감아라』는 시인이 미처 인식하지 못한 '여분'의 존재나 삶, 선택의 순간에 외면해 가지 못한 길에 대한 반성과 추억, 아쉬움을 담고 있다. 이것이 과도할 만큼 글의 서두를 꺼낸 이유다. 사르트르는 『구토』(홍신문화사, 1993)에서 "이 세상의 모든 과거는 아무 소용도 없는 것이다. 그러다가 그 일은 사라지고 사람이 이해한 것도, 그것과 함께 사라져버린다"라고 했지만, 시인에게 과거는 사라지거나 소멸되는 기억이나 대상이 아니라 가닿을 수 없는 미지이거나 그리움의 심원이다. 과거는 과거로만 존재하는 것이 아니다. 시인의 소환에 의해 언어로 재생하는 순간 과거는 현재에 존재한다. 시인은 '여분'의 존재나 소멸된 기억은 과거나 미지의 세계에 그대로 남겨둔 채 세월의 틈새를 뚫고 나온 '그리움'을 시라는 서정의 세계로 끌어들인다. 이는 삶이 지속하는 한 끊임없이 이어지는 '시적인 것'이다. 그 첫 번째 보폭을 지금 만나보려 한다.

2.

문학(시)의 영원한 테마인 사랑은 동서고금을 막론하고 어디에나, 누구에나 존재한다. 공기처럼 너무 흔해 귀한 줄 모르므로, 그래서 도처에 충만한 사랑은 오히려 부재하다. 우리는 사랑이 존재하는 줄도 모르거나 사랑으로 인식 못 한 채 살다가 어느 날 문득 '나'를, 내 삶을 돌아보고는 기억의 갈피에서 사랑과 이별의 흔적을 끄집어낸다. "우리는 여자로 태어나는 것이 아니라 여자가 되는 것이다"(『보부아르의 말』)라는 보부아르의 말을 상기할 때, 누군가의 딸이나 아내, 어머니와 같은 정통적인 여성상이나 그 역할에 충실할수록 사랑의 상실감은 더 크게 다가온다. 짙은 회한으로 작용한다. 행복의 자리에는 불행이, 쾌락의 자리에는 불쾌가 들어선다. 상실의 자리에 서면 사람도, 사랑도 변한다. 사랑은 영원히 존재할 수도, 순식간에 휘발될 수도 있다. 이런 극과 극의 속성 때문에 사랑은, 사람은 쉽게 상처를 받는다. 더 자주, 더 멀리 과거로 여행을 떠나서 거기, 그때, 그 모습으로 남아 있는 사랑하는 사람(들)을 마주하려 한다. 상실감이 클수록 여행의 빈도 또한 잦아지고, 밀도는 높아진다.

그때는 그랬지

그냥 거기, 딱 그만큼

딱정이 같은 아픔이 숨어 있었지

묵은 것은 더 이상 필요 없다고

가라앉은 앙금 퍼담듯

아릿한 나그네 걸음으로

아침 눈에도 살그머니 그려 담았어

너였어!

한때 잃어버렸던

샛노란 은행잎 같은

책갈피에 꽂아 둔 그리움

아직 잊히지 않고 있다니

너였다고 '너 때문에'라고

탓은 더더욱 하지 않으려 해

아니 깊이 알려 하지 않을 거야

그래

그때는 줍지 못했던 숙제

딱 손바닥만큼 지나쳤던

사랑이겠지, 아마 사랑이었을 거야

착각이라 하면 너무 아픈

– 「가슴에 간직한 사연」 전문

너를 사랑했지만

말하지 않았으므로

그 사랑에 관하여

너는 모르지

고된 삶의 파편을
골 깊은 주름에 대고
터벅터벅 걷는 시간
그 안에 담은 사랑
그것은 아픈 그리움이지

저기 어디에서
다른 사람의 이름을
사랑으로 담고
이 세상의 한 자리를 채울 넌
그렇게 애타게
그리워 추억하던 몽상이고말고

–「그리워 추억하던 몽상」 전문

임송례의 시에서 사랑은 "딱 그만큼"의 분량과 거리를 유지한다. 그만큼 아파하고, 그만큼 그리워한다. 사랑에 이르지 못한 이유나 이별을 탓하지 않고, 더 "깊이 알려고 하지"도 않는다. 혼자 삭인 채 숙명처럼 받아들인다. 첫 번째 인용시 「가슴에 간직한 사연」에서와 같이 "책갈피에 꽂아둔" "샛노란 은행잎"에서 촉발된 그리움이 기억의 깊은 지층에 잠들어 있던 사랑의 감정을 끌어올린다. 정통적 여성의 삶을 살다가, 현재에서 과거를 더듬는 순간 가슴에 담은 사랑은 제출하지 못한 '숙제'이거나 '착각'일 수 있다. 후회와 회한이 얼비친다. 누구 탓을 하지 않고, 사랑의 깊이를 가늠하려 하지 않는 것, 하지만 현실에 순응하는 사랑은 너무도 평이한, 누구나 가능한 사랑법이다. 숨은 것과 "묵은 것", 퍼담는 것을 감안할 때 깊이 알고 싶지 않다는 절제된 표현은 역설임을 쉽게 짐작할 수 있다. 이는 "사랑이겠지, 사랑이었을 거야"의 강조에서 확인할 수 있듯, 사랑과 그리움의 깊이 그리고 그 거리와 밀도가 한층 깊어졌음을 부인할 수 없다. "내 생애 단 한 사람"(이하 「짝사랑」)에 대한 "밤 그늘 불빛 같은 그리움"은 내가 생각하는 차원에 머물지 않고, "그대 기억에/ 숨겨 둔" "여린 숨이고 싶다"는 소박한 꿈을 드러냄으로써 극대화된다.

나는 "사랑했지만" 사랑한다고 말하지 않았고, 그대도 눈치채지 못했으므로 '짝사랑'은 비로소 완성된다. 진정한 (짝)사랑은 평생 가슴에 품고 그리워하는 것이다. 상대에게 마음을 들켜서 겉으로 드러나는 순간 (짝)사랑의 "아픈 그리움"은 '몽상'이 된다. 사랑은 필요충분조건이지만, 짝사랑은 충분조건이다. 사랑은 쌍방통행이지만, 짝사랑은 일방통행이다. 일방통행에서 쌍방통행으로 바뀌는 순간 짝사랑은 더 이상 짝사랑이 아니다. 서로의 조건이 충족된다면 꿈은, 몽상은 현실이 되지만 그 대상이 "다른 사람의 이름을/ 사랑으로 담고/ 이 세상의 한 자리"를 채우고 있는 사람이라면 쌍방통행은 더 큰 상처와 상실을 남길 가능성이 농후하다. 행복이 들어서야 할 자리에 불행이 들어서고, "고된 삶의 파편"이 박혀 더 힘겨운 나날을 보내게 될 것이다. 이를 충분히 인식하기에 시인은 일정 거리를 유지한 채 그리워하고 추억한다. 말을 하기 이전에 떠오른 사랑과 그리움의 이미지는 시인을 '몽상' 앞에서 서성이게 한다. 몽상을 통해 '시의 싹'이 움트고, 그 싹은 고요한 몽상의 세계로 인도한다. 가스통 바슐라르는 『몽상의 시학』(동문선, 2007)에서 유능한 사진작가는 몽상의 지속을 부여할 줄 안다면서 "몽상은 폭넓은 촬영이 되도록 충분한 빛으로 현실을 둘러싼다"고 했다. 사진뿐 아니라 시도 마찬가지다. "한 생애 가득 한 시간 속"(「사랑합니다, 사랑합니다」)의 "내 생애 단 한 사람"(「짝사랑」)은 시인의 기억 밖에서 강제하거나 환상이 아닌 시인의 기억, 시인이 소환하고 창조한 사랑과 그리움이다. 존재했지만 존재하지 않은 사랑과 그리움이 넘쳐흐르는데 "가슴에 담으면 안 될/ 불온한"(「사랑하거든 눈을 감아라」) 것으로 치부하는 순간 상실과 상처가 틈입한다. 임송례의 시가 자주 울음을 터트리고, 세월과 인생의 허무를 건드리는 까닭이다.

3.

그리하여 문득 인생을 돌아볼 때가 있다. 몸이 무척 아플 때, 가까운 누군가 곁을 떠났을 때, 일을 그만두고 시간이 남아돌 때, 내가 나이 먹었다고 인식할 때, 말간 햇빛 아래 투명하게 서 있을 때 내 삶을 돌아본다. 거울 앞에서 내 얼굴을 마주할 때도 '나는 누구인가?', '내 삶은?'이라는 근원적인 질문을 자신에게 던진다. 특히 삶에 죽음의 그림자가 어른거릴 때 '현재의 나'는 '과거의 나'를 조금 더 가까이 마중한다. 미래로 가는 길은 더 이상 이상이 아닌 상태에서 '과거의 나'가 마주한 세상은 단순한 추억이 아니라 '삶 그 자체'다. '인생'이라는 책꽂이에서 내 삶을 기록한 자서전을 꺼내 읽는다. 책을 펼치는 순간 먹먹한 "인생길 몇 구비"(이하 「세월 가지로 깁는 밤」)에서 마주한 "생생한 파편들"이 파노라마처럼 펼쳐진다. 자유롭든 자유롭지 않든 인생의 갈림길에서의 선택은 삶의 방향을 결정하고, 그 결정으로 인해 서 있는 현재의 자리는 '내 삶의 현주소'가 된다. 갈림길에서 읽던 책을 잠시 내려놓은 시인은 가지 않은 길에 대한 미련보다 현재를 직시한다. "부단한 생의 견딤"(이하 「사랑합니다, 사랑합니다」) 같은 거기에는 "아프고 시린 것/ 머물렀다 사라지는 일까지" 존재하기 때문이다.

저 길 끝에 선 시간의 표식
닳아서 낡은 고무신 같은
여며진 옷깃에 감도는 향
병이 되어버린 작은 그리움
봄꽃 사이에 신열을 앓는다
숨을 삼키던 세월 전
찬바람으로 움츠린 것은
낙엽이 아니라
볕에 익어가는 잔설의 눈물이었다

지금!
멀어져 갈 속절없는 인연에 아프고
훌훌 털고 달아날 채비를 마친
가을의 그림
속세를 탓했던 시간들
그 아릿한 추억에 고무되어
참매미 뚝뚝 떨어져 나뒹굴던
여름 끝
찬바람이 해마를 건드린다

저기,

인생이 세상에서 오고

소소함이 그곳에서

소리 없이 희망을 나르다가

아주 작은 나로 인해

풀꽃 같은 희미한 여운에 젖는다

–「마음으로 보는 세상」 전문

인생은 재생되지 않는다. 과거로 돌아가 다시 살거나 다른 삶을 살 수 없으므로 시인은 '마음으로 보는' 방법을 선택한다. 시인이 가장 먼저 발견한 것은 "길 끝에 선 시간의 표식"이다. 표식은 무엇을 겉으로 나타내 보이는 일정한 방식이다. 주로 '직선'이나 '곡선'을 활용한 표식은 의미를 집약한 '상징'을 만들어낸다. 시인은 "낡은 고무신"과 "여며진 옷깃"이라는 표식에서 "병이 되어버린 작은 그리움"이라는 상징을 부여한다. '낡은' 시간성과 '여며진' 상징성은 병病과 그리움의 의미를 수식하는 동시에 더 깊어지게 하는 역할을 맡는다. 예로부터 표식과 상징은 눈앞에 닥친 고난을 극복하는 수단이나 긍정적인 방향으로 인식한다. 앞에 있는 사람에게 엄지손가락을 세우는 행위가 상징하는 것은 '잘하고 있다'거나 '조금만 더 힘을 내라'는 긍정의 신호다. "심장에 그어지는 화살"(「사랑, 심장 떨리는」)은 발설할 수 없는 사랑의 비밀이다. 시인은 그리움의 연원에 감춰진 인연과 그 사람과의 관계성에 주목한다. 인연은 갈림길에서 엇갈린 운명이므로 마음이 아프긴 하지만, "훌훌 털"어버려야 할 대상이다. 곡선이 아닌 직선의, 흐름의 속성으로 인식하는 세월은 과거의 재생을 용납하지 않는다. 현재의 자리에서 인식하는 바로 '저기'에 상징과 관계로 맺어진 인연이 존재한다. 그 인연은 나를 소소한 존재로 인식하거나 "아주 작은 나"로 낮춤으로써 항상 "지금", "저기"에 "아릿한 추억"을 소중하게 간직할 수 있다.

너는 소리 없이 나에게로 오고
아쉬움만 가득하니
오는 너를 막지 못하는구나
보슬비 지긋이 내리고
변방에서 들리는 북소리
가슴에 닿으니
처마 끝에 달랑대는 풍경 같더라

(중략)

초라하기로 풀숲에 노니는
하루살이보다 나약한 신상
묵힌 시간 속에 갇힌
정적도 뒤돌아 숨게 하는구나

–「세월」 전문

세월은 아무리 긍정적으로 생각해도 쓸쓸하기만 하다. 세월의 변화에 따라 보내오는 몸과 마음의 신호는 쓸쓸함과 외로움을 더 깊게 한다. "소리 없이 나에게로 오는" 세월을 '너'로 의인화한 이 시는 세월에 잠식당한 인생의 허무를 노래하고 있다. '너'라는 호칭은 가까운 사이에만 사용하기 때문에 긴밀한 관계를 주고받고, 막대한 영향을 준다. 그 영향력이 주는 중압감은 삶의 방향을 틀 만큼 지대하다. '너'가 주는 친근함은 "너 때문에 망했어"와 같은 원망으로 전이되기도 한다. 이 시에서 '너'라는 세월은 "아쉬움만 가득"하다. "변방에서 들리는 북소리"처럼 멀다가도 "처마 끝에 달랑대는 풍경"처럼 가까이 고즈넉하다. 멀게만 느껴지던 세월의 소리가 가까워졌다는 것은 시인의 삶의 시계가 그만큼 빨라졌다는 것을 의미한다. 시인은 홀로 우는 산새와 강에 비친 달에서 인생의 무상을, 하루살이 같은 "나약한 신상"에서 죽음의 그림자를 감지한다. 인생은 태어나는 순간부터 죽음의 방향으로 흐른다. 죽음은 아직 겪어보지 못한 미지의 세계이므로 두려움을 동반한다. 하여 "세상에 더 없는"(「세월 가지로 깁는 밤」) 생명을 소중히 여기고, 생각은 자꾸 과거로 향한다. 세월의 책갈피에 잠들어 있는 그리운 사람들을 불러낸다. 그래도 해결되지 않은 '그 무엇'이 있다.

4.

곁에 있어도 그립다는 말이 있지만, 기본적으로 그리움은 좋아하거나 사랑하는 대상이 지금 곁에 없어 애타는 마음이다. 지금이라는 현재성과 곁에서 멀어진 거리로 촉발된 그리움은 대상과의 관계성이나 친밀도에 따라 그 '깊이'를 달리한다. 그 대상이 고향의 사랑하는 가족, 특히 부모라면 그리움의 깊이는 측량하기 어렵다. 일정 시기에 떠난 고향은 단순히 내가 태어나 자란 곳 이상의 내 몸과 마음의 정서가 형성된 세계라 할 수 있다. 시간과 공간, 마음이 결합한 복합 심성의 세계를 그리워하는 것은 내가 "어디서 왔을까"(이하 「문득, 고향」)에 대한 본향 의식과 "여기 내가 살아 숨 쉬고 있"다는 자각이다. 시인에게 고향은 외롭고 쓸쓸한 고독함을 녹일 수 있는 "따뜻한 심장"이다.

수백 년 천지를 품었다
만세에 오간 인연으로 머물렀다
말을 잊고 흘러도 보았다
그 아래
여태 앉아 계신 내 아버지
먼 세월 되짚으며 사색에 머무르네

–「정자나무」 부분

흔적마저 꿈에 담은
미농지에 그린 초상화
금월 금일은 없고
희미한 흑백의 표상이 선 채 머물다

아마도 고향이었을 거다
정자나무 묵은 세월
가난이 밥이었다고
손톱 밑이 까맣던 유년의 비탈
청춘의 그늘에 앉은
잊으면 안 될 만큼의 추억들

앙금처럼 가라앉은 넋두리

소멸되지 못한 초라한 시절
겨울 아침 칼바람처럼
추억에 베인 마음
몇백 년 묵묵한 정자나무
이제 고향은
쓸쓸히 댐 아래 잠자고
간간이 추억 하나만 오간다

–「서 있는 고향」 전문

이 시에는 시인이 생각하는 고향의 모습이 다 담겨 있다. 선명하지 않고 희미한, 천연이 아닌 흑백, 풍경화가 아닌 초상화의 모습이 그것이다. 특이한 것은 한자리에 붙박인 채 '서 있는 고향'의 자세다. '서 있는' 대상은 "수백 년 천지를 품"고 있는 정자나무이면서 정자나무로 대표되는 고향, "그 아래" 앉아 있던 아버지의 모습이다. 아버지는 그 아래 앉아 있지만, 고향의 정자나무는 항상 그 자리에 서 있다. 하지만 '앉아 있는 아버지'에서 시작된 연상은 '서 있는 정자나무'로 이동한다. 정자나무는 고향의 표식이면서 상징이다. 유년과 청춘의 추억이 서린 정자나무가, 고향이 "댐 아래" 잠겼다. 산과 산 사이 계곡에 댐이 생기면서 고향마을은 그대로 물에 잠겼다. 시인이 고향을 기억하고 추억하는 방법은 '서 있는' 정자나무다. "수심에 아른거린 기억"을 되살려 '인생의 자서전'에 기록하는 일이다.

남루한 내 사랑 안쪽
먼 나라에 가슴을 묻다
차디찬 심장을 흙으로 채운

기아에 허덕인 난민 같은 모습
도토리나무 그늘에
영혼을 내어둔 아버지
젊은 날의 기억을 도말하고
머리에 맴을 도는 음성

–「아버지의 그림자」 부분

그을려 쭈글쭈글한 주름을 훈장처럼 달고
다시 햇볕을 인 채
예쁜 꽃 울타리를 다듬으며
모진 기다림을 낳고 계신 어머니
걸어본 적 없다는 손전화
시간을 보는 도구란다
양분 다 소진한 껍데기
어머니의 굽은 허리를 만지며
가만히 눈물을 훔친다
유년의 시간을 검은 먹지로 가리고 싶어
앞만 보고 달려왔더니
어머니는 지쳐 멈춘 내 가슴에
아프게 새겨진 옹이
먼 길을 돌아와 문득, 하늘을 보니
어머니의 길이 질곡인 것을
칼바람 부는 이 엄동설한
견디며 달려온 길이 그만 또 서럽다

–「어머니 2」 부분

물에 잠긴 고향에는 아직도 어머니·아버지가 기거한다. “남루한 내 사랑 안쪽”에 생생한 모습, 그 음성 그대로 살아 있다. 한용운이 「님의 침묵」에서 “님은 갔지마는 나는 님을 보내지 아니하였습니다” 한 것처럼 시인의 가슴에는 수몰된 고향과 그곳에 살던 어머니·아버지를 보내지 않았다. 고향은 물에 잠겼고, 어머니·아버지는 시인의 가슴에 잠겼다. 아버지는 정자나무 그늘에 앉아 있거나, “눈물 젖은 두만강” 노래를 부르거나 “골목 어귀 쩌렁한 헛기침 소리”로 다가온다. 반면 어머니는 햇볕에 그을려 “쭈글거리는/ 주름”과 “굽은 허리 만지며/ 가만히 눈물 훔”치는, “엄동설한/ 견디며 달려온” 고달픈 삶이 반영되어 있다. 시인은 질곡의 길을 걸어온 어머니의 삶에서 자신의 모습을 투영한다. “닦고 또 닦으며 견뎌온 세월”과 “무거운 시간들”을 들춰보니 거기, 고향에 어머니·아버지가 있고, 나 또한 “거기 있”다. 더는 돌아갈 수 없는, 더는 만날 수 없는 사람들에 대한 시간과 공간, 마음으로 인한 그리움은 외로움과 서러움으로 변주된다. “잠시 머물렀다”(「의자」), 쉬었다가 가는 것이 인생이다. “삶, 그것이 고행”(「세상을 업고 산 사람」)인지라 시인은 “내 젊음을 취한 그대”(「동행)와 아이들에게 “변함없이 마주보고 흘러가라”(이하 「남김의 말」), “남는 것은 나누”며 살라는 ‘남김의 말’과 “빛나거라”(이하 「당부」), “겸손하여라”, “정갈하여라”는 당부를 잊지 않는다.

5.

사랑은 저만큼 있고, 아무리 과거를 소환해도 채울 수 없는 것이 그리움이다. 그리움이 괴로움이 된 것은 사랑의 부재와 상실, 이별의 고통 때문이다. 현재의 동행이 “아직 고마운 흉터”(이하 「동행」)로 남아 있고, “말로 다 못”한 소중함일지언정 사랑하는 대상에 대한 근원적 그리움은 치유 불능이다. 생生이 고단할 때마다 안락한 품이 되어주던 고향은 수몰지구가 되었고, 고향마을과 부모는 그리움 밖에 머물고 있다. 기댈 곳 없이 “너무 멀리 와 있는”(이하 「북방의 먼 별」) 시인은 “쓰디쓴 방황”으로 힘든 세월을 보내고 있다. “창밖 세상은 전쟁터”(이하 「창가에 앉은 가을」) 같고, 시인은 “낯선 이방인”처럼 서 있다. “기다림에 상”(이하 「길의 흔적」)하고, “그리움에 멍” 든 시인은 “사막 같은 마음”(「바다는 나에게」)이 올 때면 강과 바다로 여행을 떠난다.

고향이 그리운 날
도담삼봉 나루터에 서다
얼음이 그물처럼 물 위를 건네
만수위의 마른 징표
이처럼 하얗게 햇볕을 나누는데
바람은 안으로 물그림자를 낳는다

(중략)

그리움이야 눈물로도 못 막지
저 발걸음 어찌 반기지 않을까
초하루 따뜻한 귀향
행인의 걸음을 떠다밀고
나르고 나르는 저 배

정 하나로도 배부르겠다

–「도담삼봉 나루터에서」 부분

바다에는 사랑이 산다
먼저 간 사람의 환영이 해무에 가리고
가슴에 노니는 세월에 고비
차마 이르지 못한 그 숲
어쩌지 못해 압축해 둔 기다림이 너울댄다

바다에는 추억이 산다
뒤춤 꼭 쥐고 놓지 못하다
푸르디푸른 물결
그리움에 베인 칼날이야
어두워지면 등대가 선 채
추억을 업고 물 위에 눈을 비빈다

바다에는 사랑이 산다
먼저 간 사람의 환영이 해무에 가리고
가슴에 노니는 세월에 고비
차마 이르지 못한 그 숲
어쩌지 못해 압축해 둔 기다림이 너울댄다

–「바다에는 사랑이 산다」 부분

임송례의 시에는 물이, 물의 이미지가 넘쳐난다. 눈물도 많이 흐르고, 비도 자주 내린다. 그 물을 거슬러 올라가면 '그리움의 원천'이 있다. 그 샘은 "비(물)에 젖어야 도달"(이하 「겨울비는 그리움으로 오고」)할 수 있는 간절함의 기도처이면서 그리움의 본향이다. 고향의 어머니가 그랬던 것처럼 시인 또한 물과 샘을 통해 가족의 안위와 자기 수양/정화를 수행한다. 유동적이면서 형체가 없는 물은 고여 있을 때 고요하고, 흐를 때 수시로 변화한다. 물 앞에서의 기도는 사색을 유도하고, 사색은 시라는 또 다른 세계와의 만남으로 이어진다. 시인은 물의 이미지로 창조한, 상상력의 원천에서 길어 올린 시를 통해 "끝이 아닌 또 다른 시작"을 알리고 있다.

시인은 "고향이 그리"워 "눈물로도" 막을 수 없는 날, 연어가 모천을 찾듯 강을 거슬러 올라간다. "도담삼봉 나루터"에 선 시인의 눈에 "얼음을 깨치고 물살을 가는 배"가 눈에 들어온다. 행인을 나르는 배를 향해 "너는 고향으로 가는구나"의 읊조림은 시인의 현재 심경을 잘 드러낸다. 시인의 고향은 전남 장흥이다. 서울 광화문에서 남쪽으로 일직선상으로 내려가면 장흥 앞바다에 도착할 수 있다. 유치면에 장흥댐이 들어서면서 시인의 고향은 수몰되었다. 갈 수 없는 고향 대신, 고향이 그리울 때마다 시인은 가까운 한강을 찾는다. 남한강과 북한강이 합류하는 두물머리에서 시작한 그리움의 순례는 단양과 충주를 거쳐 한강의 발원지인 강원 태백의 검룡소에 이른다. 두물머리에서는 "양지꽃 노란빛 쉬어가는 사랑"(「두물머리 이정표」)을, 도담삼봉에서는 고향의 그리움을, 탄금대에서는 "세월, 그 덧없음"(「탄금대의 가을」)을, 검룡소에서는 "작은 희망을 소원"한다. 검룡소에서 발원한 물은 시내가 되고, 강이 되어 바다로 흘러간다. 바다에 다다른 물은 더 넓은 바다로 흘러가 여기저기서 발원한 물과 만난다. 시인이 한강을 거슬러 올라가는 이유다. 검룡소에서 발원한 한강 물이 장흥 탐진강의 물이 “세상에 온 한 점으로”(이하 「검룡소」) 만날 것이므로 시인은 수몰된 고향 대신 연어처럼 한강을 거슬러 오른 것이다.

“더 깊이 흐르다”가 만난 바다에는 ‘추억’과 ‘사랑’이 산다. “먼저 간 사람”과 보내지 못한 그리움의 세월과 “압축해둔 기다림”이 파도처럼 너울댄다. 넓은 바다는 “곤고하고 궁핍한 편립까지/ 다 포옹”(「바다로 간다」)할 뿐 아니라 “귀향하는 내 앞”에 금안金鞍, 즉 금으로 꾸민 안장을 내어 줄 만큼 환대한다. 강의 이미지가 수몰지구가 되면서 고향을 잃은 상실감과 낯선 곳에 적응하면서 살아가야만 했던 고투, 그리운 사람들에 대한 한없는 추억이라면 바다의 이미지는 무겁게 지고 온 그리움과 세월의 무게를 내려놓는 긍정의 공간이다.

지금까지 살펴본 바와 같이 임송례의 시는 끊임없이 그리워하고 추억한다. 사랑과 그리움, 추억의 언어로 고향상실과 그로 인해 파생된 인생의 허무와 고단한 세월의 무게를 감내한다. 시인은 “20년만 빨리 지났으면 좋겠다고 기도”(이하 ‘시인의 말’)할 만큼 힘든 시기를 보냈지만, 이제 그 시기는 소중한 시의 자양분이 되고 있다. “인생의 페이지”에 쌓아놓은 앙금도 시로 풀어놓으면 “힘이 되고, 용기가 되고, 친구가” 된다. (짝)사랑과 그리움은 마음에 품고 있을 때 아름답다. 밖으로 드러내는 순간 부끄러움과 가벼움이 찾아든다. 시를 쓰는 일도 이와 다르지 않을 것이다. 직접 드러내기보다 사물이 대신 말하게 하는 게 더 효율적일 수 있다. “눈으로 보고/ 마음으로”(「바다는 나에게」) 채우고, 상상력으로 ‘시의 싹’을 틔우면, 시는 한결 완숙한 모습으로 다가오지 않을까.